🍎 **마음의 힘**은 '자존감' '사회성' '사고력' '마음 챙김' '감정' '괴롭힘'을 주제로 다루며, 어린이들의 삶에서 가장 중요하고 귀한 덕목이 될 '마음'을 크고 튼튼하게 키워 주는 시리즈입니다.

Text copyright @ Coni La Grotteria, 2022
Illustrations copyright @ Marina Sáez, 2022
First published in Spain by Editorial Flamboyant S. L.
in 2022 under the title Bullying
Bullying
by Max Education Co.
This Korean Language Edition is published by arrangement with Editorial Flamboyant through The Agency Sosa.

이 책의 한국어판 저작권은 에이전시 소사를 통해 Editorial Flamboyant와의 독점 계약으로 (주)맥스교육(상수리)에 있습니다. 저작권법에 의해 한국 내에서 보호를 받는 저작물이므로 무단전재와 무단복제를 금합니다.

 마음의 힘 / 괴롭힘

우리는 괴롭힘을 이겨낼 거야!

초판 1쇄 발행 2023년 2월 15일

글 코니 라 그로테리아
그림 마리나 사에스
옮김 윤승진

펴낸이 신난향   **편집위원** 박영배   **펴낸곳** (주)맥스교육(상수리)
출판등록 2011년 8월 17일(제2022-000038호)
주소 경기도 성남시 분당구 정자일로156번길 12, 1503호(정자동, 타임브릿지)
전화 02-589-5133(대표전화)   **팩스** 02-589-5088
홈페이지 www.maxedu.co.kr   **블로그** blog.naver.com/sangsuri_i
기획·편집 김소연, 김진호   **디자인** 이지안
영업·마케팅 백민열   **경영지원** 장주열

ISBN 979-11-5571-931-2 73370

* 이 책의 내용을 일부 또는 전부를 재사용하려면 반드시 (주)맥스교육(상수리)의 동의를 얻어야 합니다.
* 잘못된 책은 구입한 곳에서 바꾸어 드립니다.

어린이제품안전특별법에 의한 제품 표시
제조자명 (주)맥스교육(상수리) ＼ **제조국** 대한민국 ＼ **제조년월** 2023년 2월 ＼ **사용연령** 만 4세 이상 어린이 제품

우리는 괴롭힘을
이겨낼 거야!

상수리

글 **코니 라 그로테리아**

대학에서 유아교육을 전공했고, 지금은 어린이와 청소년의 평등 문제를 연구하는 전문가이면서, 평화의 소중함을 전하는 스토리텔링 작가로 활동하고 있습니다. 그는 스페인 발렌시아를 중심으로 미래의 꿈나무들이 갈등 없이 성장할 수 있는 교육 환경을 만들어 가고 있습니다. 2021년 국제교사상(Global Teacher Prize)을 수상했습니다. 그가 기획한 평화학교(Escuelas de Paz)는 국제적으로 인정받아 스페인은 물론 중남미의 여러 기관에서 실행되고 있습니다.

그림 마리나 사에스

스페인 바르셀로나에서 태어나, 어린 시절부터 다양한 그림을 그렸고, 수년이 지난 지금도 그의 삶의 방식은 크게 달라지지 않았습니다. 고양이 수염 그리기, 정해진 틀을 벗어나 자유롭게 행동하기를 좋아합니다. 현재 일러스트레이터로 활동하면서 교사로서 어린이들을 가르치고 있습니다. 바르셀로나와 아테네, 시카고, 베를린 등지에서 작품 전시회를 가졌습니다.

옮김 윤승진

한국외국어대학교 스페인어과를 졸업하고 동 대학 통번역대학원 한서과를 졸업했습니다. 현재 엔터스코리아 스페인어 전문 번역가로 활동 중입니다. 옮긴 책으로는 『나는 내 마음이 소중해』『나는 매일 생각해』『나는 너를 존중해』『지능의 역사』『나는 나를 사랑해』『슈퍼우먼 슈퍼 발명가』『생태학이 정말 우리 지구를 지킨다고?』『브롯박사의 음모』『화학이 정말 우리 세상을 바꿨다고?』『노틸러스 구출 작전』 등이 있습니다.

차례

갈등은 왜 생기는 걸까요? / 6

괴롭힘이 뭐예요? / 12

폭력이란… / 15

두려워요? / 16

그래요, 나는 원래 용기 있는 사람이에요! / 18

네트워크 / 20

가족의 가치 / 22

우정의 가치 / 23

용기를 기르는 법 / 24

역할을 바꾸어 보세요 / 26

괴롭힘을 방지하는 자기 훈련법 / 30

용기 있는 사람들이 쌓아올리는 담장 / 32

가정에서 괴롭힘을 발견하고 대처하는 방법 / 34

학교에서 괴롭힘을 예방하는 방법 / 36

작은 전사에게… / 38

용기 있는 사람이 되는 팁! / 40

도움을 받을 수 있는 곳들 / 41

용기 있는 사람이 되기 위한 마음 챙김 방법 / 43

¿갈등은 왜 생기는 걸까요?

사람들은 서로 많은 공통점을 가지고 있어요.
같은 음악이나 같은 게임을 좋아하는 사람들이 있고,
같은 작가의 책이나 같은 화가의 그림을 좋아하는 사람들도 있어요.
이런 공통점이 나를 다른 사람과 묶어 주기도 하고,
서로에게 배울 기회를 제공해 주기도 해요.

그러나 우리는 같은 만큼 서로 다르기도 해요.

다른 것을 좋아하고, 다른 방식으로 생각해요.
배우는 속도도 서로 달라요.
심지어 자신의 외모조차 시간이 흐르면서 달라지잖아요!
이런 다름이 차이를 만든답니다. 그래서 서로 다른 의견이나 관심사 때문에
일상생활에서 종종 어려움을 겪고, 갈등이 생겨요.

그런데 **이건 아주 자연스러운 현상**이에요. 서로 다르기 때문에 생긴 갈등을
부정적으로 생각할 필요가 전혀 없어요. 다르다고 언어폭력이나
신체적인 폭력을 쓸 필요는 더더욱 없어요.
다름에서 생긴 갈등을 해결하고 합의에 도달하는 방법은 얼마든지 있으니까요.

우리가 도서관에 있다고 상상해 봐요.

보고 싶은 책이 있어서 도서관에 갔어요.
찾던 책을 발견해서 기뻐하고 있는데 다른 아이가 나타나
그 책을 빼앗으려고 해요. 막무가내로 책을 끌어당기면서 말이에요.

이 경우 두 사람은 좋아하는 대상이 같아요.
바로 책이에요.

그렇다면 책 때문에 두 사람이 서로 대립해야 할까요?

그렇지 않아요.
책은 오히려 두 사람을 하나로 묶어 주는
연결고리가 될 수 있어요.

¡두 사람은 같은 걸 좋아하니까요!

두 사람은 좋은 기회라고 생각하고,
함께 앉아 책을 읽기로 결정할 수도 있어요.

만약 서로를 설득할 자신이 없거나 확신이 서지 않는다면,
순서를 정해 책을 빌리는 것으로 협상하고 합의할 수도 있어요.

둘 중 한 사람이 그날 책을 빌리고,
그 합의를 존중하여 다른 사람은 다음에 빌리는 거예요.
그런데 합의가 이행되지 않는 상황을 상상해 보기로 해요.

책을 다 읽은 A가 정해진 날에 도서관에 책을 반납합니다.
B는 신이 나서 책을 빌리러 도서관으로 달려갑니다.

그런데 B가 책을 잡는 순간, A가 달려와 책을 툭 쳐서 바닥에 떨어뜨립니다.
주변에 있던 남자아이들과 여자아이들이 키득키득 웃습니다.
B가 그 책을 간절히 읽고 싶어 한다는 걸 알면서도
A는 책을 가져가 버립니다.
B는 금방이라도 울음이 터질 것 같습니다.

B는 꾹 참고 다른 책을 집어 들고 의자에 앉습니다. 오늘 있었던 일은 정말 그 누구에게도 말하고 싶지 않습니다. 수치심으로 죽을 것 같으니까요.

그런데 이런 일이 매일 반복되기 시작합니다.
아이들은 B의 필통을 집어던지고, 운동장에서 B를 이유 없이 밀칩니다.
교실에서도 B가 앉으려고 하면 의자를 빼어 버리고,
머리 모양이 이상하다며 놀리고, 안경을 빼앗아 부서뜨리고, 신발을 더럽히고……

¿이런 장면들이 눈에 익나요? 이것이 '괴롭힘'이에요.

한 사람 또는 여러 사람이 누군가를,
고의로 그리고 지속적으로 학대하고 폭력을 쓰는 상황을
괴롭힘이라고 해요.

괴롭힘에는 다양한 유형이 있어요. 어떤 유형이든
당하는 사람에게는 너무나도 큰 고통을 안겨 줘요.
심리적 괴롭힘 또는 **언어적 괴롭힘**은 계속 모욕을 줘서
그로 인해 두려워하고 불안하게 만드는 것이에요.
사회적 괴롭힘은 특정 활동에 참여하지 못하도록
방해하고 따돌리고 차별하는 행동들이에요. **물리적 괴롭힘**은 밀치고 때리는 등
직접적인 폭력을 사용하여 위협하고 다치게 하는 경우를 말해요.
사이버 괴롭힘은 인터넷이나 휴대 전화 등 소셜 네트워크를 통해
누군가를 공격하는 행위예요.

폭력이란…

놀리기

따돌리기

때리기

망신 주기

물건을 부수거나 빼앗기

욕하기

차별하기

밀치기

많은 학생이 학교에서 이런 문제들을 겪고 있는 게 현실이지만……,
괴롭힘은 대부분 은밀하게 그리고 침묵 가운데 진행되어서 잘 드러나지 않아요.
주로 수동적으로 바라보기만 하는 **관찰자나 방관자** 그룹 앞에서 벌어지고 있기 때문이에요.
관찰자나 방관자는 자신이 다음 피해자가 될까 봐 두려워해요.
그래서 피해자의 처지에 서고 싶지도 관여하고 싶지도 않아서,
개입하지 않고 괴롭히는 과정을 보고만 있는 거예요.

¿어떻게 해야 할까요?
¿누구에게 털어놓아야 할까요?

¿두려워요?

우리는 많은 것으로부터 두려움을 느껴요.
두려움의 원인은 다 다르고, 성장하면서
두려워하는 대상도 변해요. 상처 입는 것에 대한 두려움,
어둠에 대한 두려움, 친구 없이 혼자가 되는 것에 대한 두려움,
낯선 것에 대한 두려움, 폭력적인 사람에 대한 두려움,
비웃음을 당하는 것에 대한 두려움, 죽음에 대한 두려움,
실패에 대한 두려움 등 다양해요.

**두려움은 누구나 느껴요.
그건 전혀 나쁜 게 아니에요.**

두려움 덕분에 목숨을 구하기도 하니까요.
일어날 수 있는 위험을 예측하고 대비하게 해주니까요.

하지만 우리의 생각을 마비시키는 감정 또한 두려움이에요.
우리를 불안하게 만드는 불쾌한 감정도 두려움이에요.

이런 두려움들이 우리의 용기까지
마비시키게 해서는 안 돼요.

¡그래요, 나는 원래 용기 있는 사람이에요!

용기 있는 사람은 결단력과 노력으로
어려움에 맞서 행동하는 사람이에요.
두려움을 느끼지 않아서가 아니에요.
두렵지만, 가치 있고 정당하다고 생각하는
일을 위해 앞으로 나설 수 있고,
그런 상황에 맞설 수 있는 사람이
용기 있는 사람이에요.

그래서 용기 있는 사람은
부끄럽거나 두려워도
자신의 감정을 솔직하게 표현해요.
수치심이나 두려운 감정에 휩싸여,
온몸과 마음이 얼어붙게 두지 않아요.

용기 있는 사람은
스스로 결정을 내리고,
도전에 당당하게 맞서요.

프로급으로 용기 있는 사람은:

실수하는 걸 두려워하지 않아요.
다른 사람의 입장에서 생각할 줄 알아요.
어려움이 있어도 옳은 일을 위해 싸워요.
친구들을 지켜 줘요.
폭력을 사용하지 않아요.

네트워크

우리는 누구나 사랑하는 사람들과
정서적으로 긴밀하게 연결되어 있어요.
이 연결을 '네트워크'라고 해요.

네트워크는 그물과 같아요.
성장하면서 네트워크는 더 커지고 강해지지요.
사랑하는 사람들과 나눈 감정과 기억이
보이지 않는 네트워크에 차곡차곡 쌓이면서
커지는 거예요. 힘든 순간이 오면
이 네트워크로 돌아서 보세요.
어떤 힘든 순간에도 이겨낼 힘이 되어 줄 거예요.

**우리는 혼자가 아니에요!
이제 침묵을 깨고,
자신의 네트워크를 찾아가
지금,
무슨 일이 일어나고 있는지
이야기하세요.**

가족의 가치

가족은 우리 **마음과 감정의 피난처**예요. 이해하기 힘든 문제가 생겼을 때, 또는 불편하고 혼란스러운 상황에 빠졌을 때, 우리가 의지할 수 있는 피난처가 바로 **가족**이에요. 가족은 사랑과 인내, 이해라는 정서적 그물로 우리를 감싸 주어요. 가족이란 그물 안에서 우리는 강해져요. 가족은 더 이상의 폭력이 발생하지 않도록 해 주고, 죄의식을 갖거나 누구를 죄인으로 낙인찍는 일도 생기지 않게 해 줄 거예요.

**가족은 괴롭힘을 물리치는 방법을 알려 주고
길을 열어 줄 거예요.**

우정의 가치

우정이란 네트워크는 우리 삶에서 영원히 기억될, 잊을 수 없는 순간들로 연결된 그물 같은 것이에요. 친구끼리 나눈 온갖 장난들과 재밌는 일화들, 이야깃거리 등이 모두 이 우정이란 그물을 짜고 있어요. 그래서 친구를 소중히 여기고 서로 돌보고 사랑하고 존중해야 해요.

그렇지만 아무리 친구라고 해도 취향과 생각이 서로 다를 수 있어요. 그래서 간혹 이 네트워크에 혼선이 일어나기도 해요.

그렇다고 해서 서로 진정한 친구가 될 수 없다는 건 아니에요.

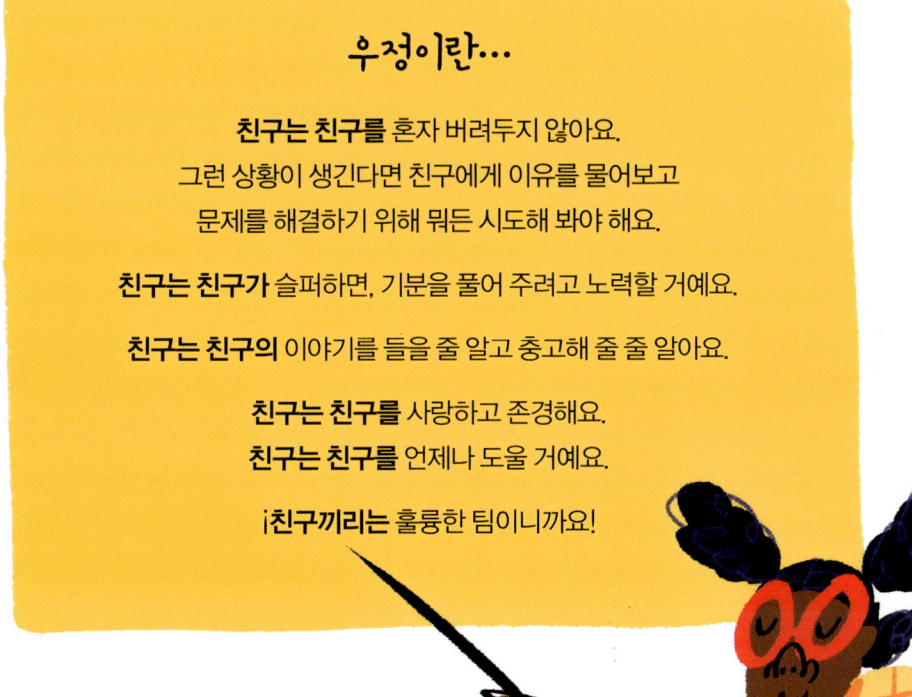

우정이란…

친구는 친구를 혼자 버려두지 않아요.
그런 상황이 생긴다면 친구에게 이유를 물어보고
문제를 해결하기 위해 뭐든 시도해 봐야 해요.

친구는 친구가 슬퍼하면, 기분을 풀어 주려고 노력할 거예요.

친구는 친구의 이야기를 들을 줄 알고 충고해 줄 줄 알아요.

친구는 친구를 사랑하고 존경해요.
친구는 친구를 언제나 도울 거예요.

¡**친구끼리는** 훌륭한 팀이니까요!

용기를 기르는 법

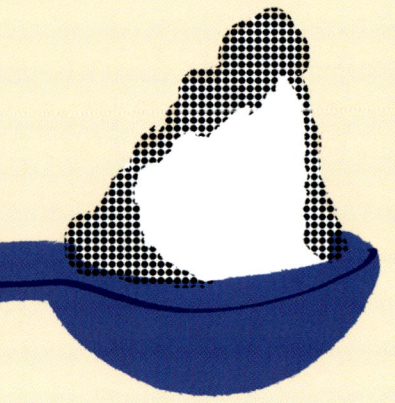

1   사랑하는 사람들과
    즐거운 경험을 많이 나누세요.
    정서적 네트워크가 더 풍성해질 거예요.

2   자신의 건강과 정신,
    무엇보다 소중한 마음을 잘 보살피세요.

3   자신의 가능성을 믿으세요.
    실수나 잘못을 해도 그 경험을 통해
    새로운 교훈을 얻게 될 거예요.

4   실수는 자신의 강인함을 발견하는 데 도움이 되는
    과정이에요. 그러니 포기하지 말고
    항상 다시 도전하세요!

5   말을 할 때는
    자신의 생각, 특히 자신의 감정을
    정중하게 표현하세요.

오직 용기 있는 사람만이 용서를 구할 수 있어요.
하지만 더 용기 있는 사람은 "**너를 사랑해!**"라고 말할 수 있어요.

"사랑해!"는 프로급 용사들만 할 수 있는 말이에요!

역할을 바꾸어 보세요

방관자가 되지 마세요.
전달자가 되세요.

¿학급의 누군가가 다른 사람을 괴롭히는 것을 보았나요?

그렇다면 선생님께 이야기하세요.
가족에게도 자신이 본 것을 말하세요.
친구들과 그룹을 만들어 괴롭힘을 당한 친구와 함께해 주세요.
그렇게 하면 괴롭힘을 또 당하지 않을 거예요.

동조자가 되지 마세요.
옹호자가 되세요.

¿혹시 다른 사람을 괴롭히는 가해자와 동조하고 있나요?

가족에게 이야기하여 조언을 구하세요. 선생님께도 말하세요.
그들은 비밀을 지켜줄 거예요. 가해자에게는 '네가 하는 짓은
조금도 유쾌하지 않으며 더는 친구 관계를 유지하고 싶지 않다'라고 말하세요.
적절한 조치를 취한 후, 더 많은 사람을 모아
피해자에게 용기를 주는 옹호자가 되어 주세요.

공격하는 사람이 되지 마세요.
협력하는 사람이 되세요.

¿혹시 친구들을 괴롭히는 가해자인가요?

이제부터 친구들에게 먼저 다가가세요. 친구들과 대화를 나눌 때는, 자신이 얼마나 힘이 센지, 얼마나 거칠게 노는지, 그래서 친구들이 얼마나 무서워하는지 과시하지 마세요. **인기가 사람을 더 나은 인물로 만들어 주지는 않는답니다.** 태도를 바꾸고 도움을 청하세요.

기억하세요: 용기 있는 사람만이 용서를 구할 수 있다는 것을! 가족과 이야기하고, 선생님에게도 말하세요. 그들은 여러분의 행동을 고마워하며 해결책을 찾기 위해 필요한 조치를 할 거예요. 그 과정에서 여러분의 개인 정보와 사생활은 존중될 거예요.

네트워크를 가동하세요.
여러분은 혼자가 아니에요.

¿혹시 괴롭힘을 당하고 있나요?

그건 여러분 잘못이 아니에요.
가족, 선생님들과 상의하세요.
친한 친구들과도 멀어지지 않을 방법을 찾아야 해요.

괴롭힘을 방지하는 자기 훈련법

다음과 같은 방법대로 매일매일 자신을 훈련한다면
어떤 괴롭힘이든 막아 내고 피하는 힘이 생길 거예요.

자아 존중감 훈련

자신을 있는 그대로 받아들이고,
소중히 여겨요.

자기주장 훈련

자신이 생각하고 느끼는 바를
솔직하고 정중하게 말해요.

감성 지능 훈련

다른 사람의 감정과 생각, 정서를
이해할 수 있도록 노력해요.

호감 훈련

다른 사람에게 호감을 느끼면
그 감정을 있는 그대로 받아들여요.

즐거움 훈련

미소를 지으면서 재미있는 계획들을 세워
자신을 재충전해요.

용기 있는 사람들이
쌓아올리는 담장

용기 있는 행동은 누군가에게
든든한 담장이 되어 준답니다.

¿가해자에게는 뭐라고 할까요?

사람을 괴롭히는 건 끔찍한 행동이야!
농담이 아니라 진심으로 하는 얘기야.

¿피해자에게는 뭐라고 할까요?

네 잘못이 아니야!
너는 혼자가 아니야.
내가 친구가 될게.
가족과도 이야기를 해 봐!
그리고 친구인 나를 믿어!

¿방관자에게는 뭐라고 할까요?

모르는 척 침묵하지 말고 도와줘!
친구를 혼자 버려두지 마!
우리와 함께 하자.

¿어른들에게는 뭐라고 할까요?

괴롭힘은 단순한 아이들의 '놀이'가 아니에요.
저를 도와주세요.
전학은 가고 싶지 않아요.

가정에서 괴롭힘을 발견하고 대처하는 방법

자녀의 성격이 바뀌었나요? 자녀가 학교에 가기 싫어하나요?
자녀가 소지품들을 '잃어버리고' 오나요? 학교에 가져간 물건들이 자꾸 망가져 있나요?

학교나 가해자 혹은 관찰자의 가족들을 비난하거나 싸움을 시작할 필요는 없어요.

상황을 있는 그대로 말하세요. 축소하지 마세요.
괴롭힘은 한낱 장난도, '아이들의 일'도 아닙니다.
대책을 세우고, 피해자의 곁에 서서 해결 방법을 찾아야 합니다.

다 같이 생각해 보아요.
어느 가정이든 괴롭힘을 당하는 사람, 괴롭히는 사람,
그리고 관찰자 또는 방관자가 있을 수 있다는 것을 우리 모두 인식해야 해요.
괴롭힘은 교육적인 측면에서 예방이 중요하고
그 가운데서 어른들의 역할이 가장 중요합니다.

학교에서 괴롭힘을 예방하는 방법

• 상호 존중과 자기 행동 평가에
대해 **교육**합니다.

• 대화의 시간이나 공간을 마련하여 학교폭력 문제와 의혹이
항상 외부에 **노출**될 수 있도록 합니다.

• 학생과 선생님, 학부모가 모두 참여하여
함께 극복할 계획을 세웁니다.

• **공감과 감성 지능**을 키우는 교육 활동들을 만듭니다.

다 같이 생각해 보아요.

학교 내 괴롭힘이라고 해서 학교에서 일어나는 상황만을 말하는 건 아니에요.
괴롭힘은 소셜 미디어를 포함하여 사람들과 관계를 맺는
다양한 공간에서 발생할 수 있어요.

괴롭힘을 예방하기 위해서 우리는 감성 지능을 높여야 해요.
감성 지능이 높으면 자신의 감정을 다스리면서, 다른 사람이 느끼는 감정을
이해하고 공감할 수 있게 돼요. 다른 사람의 고통을 함께 느끼고 받아들일 수 있어야
결과적으로 괴롭힘이라는 상황을 끝낼 수 있습니다.

자신의 감성 지능을 돌아보세요.

이제 '무엇'을 '어떻게' 느껴야 할까요?

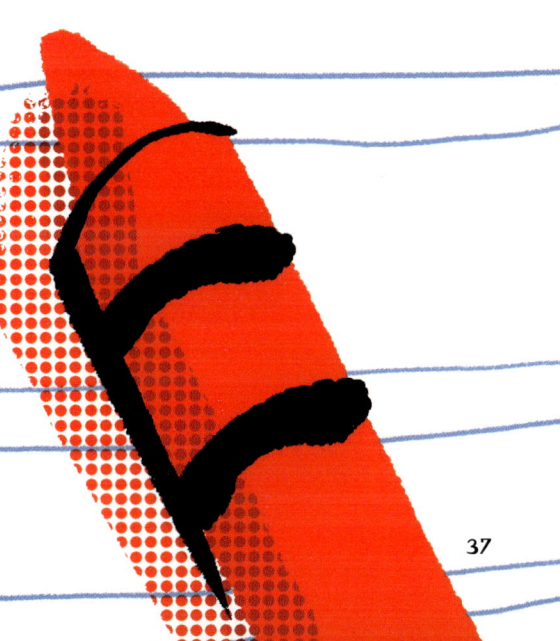

작은 전사에게…

여러분은 정당하지 않은 어떤 행동을 목격할 수 있어요.
어쩌면 여러분 자신이 뭔가 나쁜 행동을 하고 있을 수 있어요.
자신의 나쁜 행동을 보고 환호하는 친구들을 잃을까 두려워
나쁜 행동을 계속하고 있을 수도 있어요.
어쩌면 여러분이 괴롭힘의 대상이 되어 있을 수도 있어요.

어떤 상황에 놓여 있든, **여러분은 혼자가 아니라는 것을 기억하세요.**
어떤 최악의 상황이라도 끝은 나게 마련입니다.
모든 문제에는 해결책이 있답니다.

도움을 요청하고, 여러분의 네트워크를 활용하세요.

기억하세요. 우리는 발생 가능한 괴롭힘들을 미리 막아낼 수 있어요.
아예 **발생하지 않는** 환경을 만들 수도 있어요.
그러니 함께 할 수 있는 팀을 만드세요.
여러분과 같은 일을 겪고 있는 친구들이
생각보다 더 많이 있을 테니까요.

여러분은 변화를 만들어낼 수 있어요.

✹ 괴롭힘을 당하고 있는 여러분에게……

여러분은 혼자가 아니에요. 믿을 수 있는 가족, 선생님, 친구들에게 도움을 청해 보세요. 만약 집이나 학교에 알리기 힘든 경우에는 지역 내 청소년상담복지센터(☎지역번호+1388)에 전화하거나 청소년사이버상담센터(www.cyber1388.kr)에 들어가면 도움을 받을 수 있어요. 하지만 재발 방지를 위해 가장 필요한 것은 학교폭력 전문기관(☎117)에 신고하는 거예요.

피해 사실을 목격한 친구나 사람들을 기억해 두세요.
신체적인 피해가 있을 경우, 사진을 찍어 기록으로 남겨 두세요.
녹음을 하거나 문자나 SNS 메시지를 캡처해 두면 나중에 학교 폭력 피해 증거로 사용할 수 있어요.

☺ 우리 아이가 학교에서 잘 지내는지 걱정하는 부모님에게……

자녀의 행동이나 태도 등을 확인하여, 학교폭력 피해 징후를 확인해 보세요.

- ☐ 안색이 안 좋고 평소보다 기운이 없다.
- ☐ 학교나 학원을 옮기고 싶다는 말을 자주 한다.
- ☐ SNS나 노트에 특정인에 대한 욕설, '죽고 싶다'라는 낙서가 있다.
- ☐ 옷이 지저분하거나 구겨져 있고, 단추가 떨어져 있다.
- ☐ 몸에 멍이나 일상적이지 않은 상처가 있다.
- ☐ 집에서 몸이 노출되는 것을 꺼려한다.
- ☐ 작은 자극에도 놀라거나, 쉽게 잠에 들지 못하거나 화장실에 자주 간다.
- ☐ 하교 시 집으로 오는 시간이 늦어진다.
- ☐ 짜증이 많아지고, 가족이나 주변 사람들에게 폭력적인 행동을 한다.
- ☐ 용돈을 평소보다 많이 달라고 하거나 스마트폰 요금이 많이 부과된다. 또한 스마트폰을 보는 자녀의 표정이 불편해 보인다.

만약 우리 아이가 학교폭력 피해자라면 폭력에 대해 회피하거나 떠넘기지 말고, 함께 노력하여 이겨내자고 말해 주세요. 자주 대화하고, 피해 사실에 대해 이야기하게 해 주세요. 가해자가 누구인지 지금 자녀가 어떤 상황인지 꼭 확인하고, 담임교사와 상의하여 전문 기관에 도움을 요청해 보세요. 아이가 긍정적 사고로 희망을 갖도록 용기와 믿음을 주세요.

출처 • 서울시교육청 학부모 대상 학교폭력 예방교육 자료 2022
• 한국청소년정책연구원 학교폭력예방교육지원센터, 학부모 소식지 2021

🎬 학교폭력, 어디서 상담을 받을 수 있을까요?

✳ 학교폭력 예방 교육 및 전화·문자 상담 : 117
✳ 청소년전화 : 1388
✳ 사이버 상담센터 : www.cyber1388.kr
✳ 푸른나무재단 : 1588-9128 / www.btf.or.kr
✳ 카카오톡 채널
  - 청소년상담 1388 / 상다미쌤 / 스쿨벨

🔵 학교 안에서 신고하는 방법

✳ 구두 : 피해 학생, 목격 학생, 보호자가 학교(교사)에게 신고할 수 있어요.
       교사에게 개별적인 상담을 요청해 보세요.
✳ 학교폭력 신고함 : 학교에서 운영하는 신고함을 이용해 보세요.
✳ 이메일 : 담임교사, 책임교사, 학교 대표 메일 등을 통해 신고할 수 있어요.
✳ 홈페이지 : 학교 홈페이지의 비밀 게시판을 활용해 보세요.
✳ 휴대 전화 : 담임교사, 학교 공동 휴대전화로 문자, 음성녹음, 통화 등을 이용하여 신고할 수 있어요.

😆 학교 밖에서 신고하는 방법

✳ 학교폭력신고센터 : 국번 없이 117로 전화하여 학교폭력 피해 예방 교육과 피해 상담을 받거나 학교폭력을 신고할 수 있어요.
✳ 휴대 전화 문자신고 : #0117로 학교폭력 신고 내용을 작성하여 문자로 보내 주세요.
✳ 학교전담경찰관(SPO) : 학교의 담당 학교전담경찰관에게 문자, 혹은 전화로 신고할 수 있어요.
✳ 인터넷 사이트 '안전 Dream' : 안전 Dream 사이트(www.safe182.go.kr)의 신고 상담-학교폭력 탭을 눌러서 신고할 수 있습니다.
✳ 112 경찰청 : 학교폭력 및 사이버 폭력 등 긴급상황 발생 시 신고할 수 있고, 사이버 범죄에 대해서도 신고할 수 있어요.

출처 • 도란도란 학교폭력예방 사이트(https://doran.edunet.net) 내 신고방법
    • 한국청소년상담복지개발원 2021년 제3호 이슈페이퍼

지금 우리의 마음은 얼마나 건강할까요?
학교생활, 교우 관계로 지친 마음 알아보기

✯ 한국판 청소년용 지각된 스트레스 척도
  (KPSS-A-10, Korean version of Perceived Stress Scale for Adolescents)

✯ 다음 문항을 읽고 지난 1개월 동안 아래와 같은 방식으로 얼마나 자주 느끼거나 생각했는지 표시해 주세요.

*빨간색은 역채점 문항입니다.
*총점이 높을수록 스트레스가 심하다는 의미입니다.

	문항	전혀 없음	거의 없음	때때로 있었음	자주 있음	매우 자주 있음
1	예상치 못한 일이 생겨서 기분이 나빠진 적이 얼마나 있었나요?	0	1	2	3	4
2	중요한 일들을 잘 해낼 수 없다고 느낀 적은 얼마나 있었나요?	0	1	2	3	4
3	초조하거나 스트레스가 쌓인다고 느낀 적은 얼마나 있었나요?	0	1	2	3	4
4	개인적인 문제를 처리하는 능력에 대해 자신감을 느낀 적은 얼마나 있었나요?	4	3	2	1	0
5	자신의 뜻대로 일이 진행된다고 느낀 적은 얼마나 있었나요?	4	3	2	1	0
6	해야 할 모든 일들을 다 대처할 수 없다고 느낀 적은 얼마나 있었나요?	0	1	2	3	4
7	모든 일들을 잘 다루고 있다고 느낀 적이 얼마나 있었나요?	4	3	2	1	0
8	당신이 어떻게 할 수 없는 일 때문에 화가 난 적이 얼마나 있었나요?	0	1	2	3	4
9	시간 관리를 잘하고 있다고 생각했던 적이 얼마나 있었나요?	4	3	2	1	0
10	어려운 일이 너무 많이 쌓여서 극복할 수 없다고 느낀 적이 얼마나 있었나요?	0	1	2	3	4

출처: 윤정미, 김진영(2019), 한국판 청소년용 지각된 스트레스 척도의 타당화 연구, The Korean Journal of Health Psychology, Vol. 24, No. 3, 569-58

용기 있는 사람이 되기 위한  마음 챙김 방법

심호흡	코로 숨을 4초 들이마셨다가 잠시 멈추고 입으로 길게 5초 내쉬고 잠시 멈추고를 10~20분 정도 반복하세요.
스스로 격려하기	스스로 위로하고 격려하는 자기 암시나 혼잣말을 해 보세요.
감정 털어내기	친구와의 갈등 상황에 대하여 다른 친구나 부모님에게 이야기하거나 글, 또는 낙서를 통해 감정을 털어내세요.
생각 멈추기	자꾸만 떠오르는 부정적인 생각을 멈추세요. (예: '그건 지난 일이야!')
친구의 입장 생각하기	친구의 불만이 정당했는지 생각하며 입장을 이해하려고 노력해 보세요. (예: '나를 일부러 무시하려고 한 것이 아니야.')

방관자가 아니라
전달자가 되세요.

동조자가 아니라
옹호자가 되세요.

공격하는 사람이 아닌
협력하는 사람이 되세요.

혹시 괴롭힘을 당하고 있나요?
여러분은 혼자가 아니에요.

우리는 괴롭힘을 이겨낼 거예요!